J. FLORANGE

GÉNÉALOGIE

DE LA FAMILLE

BOLER

EN LORRAINE

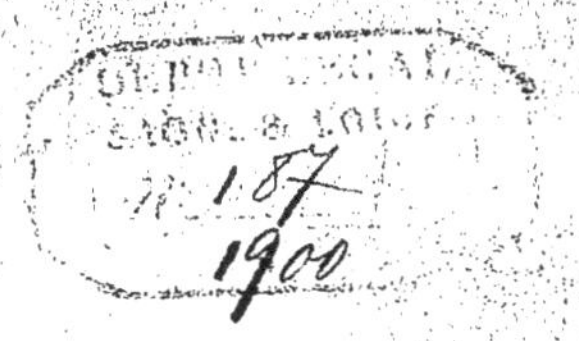

PARIS

1900

GÉNÉALOGIE

DE LA

FAMILLE BOLER

EN LORRAINE

J. FLORANGE

GÉNÉALOGIE

DE LA FAMILLE

BOLER

EN LORRAINE

PARIS

1900

BOLER EN LORRAINE

ARMES : D'argent à une ancre de sable, posée en pal, la trabe d'or en chef ;
CIMIER : Un martel d'or entre un vol d'argent.
Lambrequin aux métaux et couleurs de l'écu.

La famille de Boler, d'après un manuscrit du siècle dernier que nous avons eu entre les mains, serait originaire du pays de Liège ; nous croyons plutôt qu'elle habita anciennement le hameau de Boler (commune de Breistroff-la-Grande, canton de Cattenom, près Rodemack). En effet, le premier membre de cette famille, sur lequel nous avons trouvé des documents authentiques, est Frédéric de Boler, *dit Rodemack*[1]. Le surnom semble bien indiquer le voisinage de Rodemack[2].

FRÉDÉRIC I de BOLER, né vers 1480 de parents « de noble lignée », habitait Pont-à-Mousson. Il était, en 1500, au service de René II, duc de Lorraine. Son oncle, Jean Lallemand, dit de Rodemack, mayeur de centaine de Pont-à-Mousson, anobli par René II, le 6 (*aliàs* 18) décembre 1486[3], étant dans un état de « débilitation et de vieillesse », fit reporter, le 28 février 1505[4], ses armes à son neveu, son plus proche héritier, et l'institua son légataire universel par testament du 4 septembre 1513. Par le même acte, il

---

1. Archives de Meurthe-et-Moselle ; Dom Pelletier, *Nobiliaire de Lorraine* ; Saint-Allais, *Nobiliaire de France*, t. V (Paris, 1850).

2. On trouve aussi dans les archives de Clairvaux un Henri de Bolair, ou Bolar, échevin à Cattenom en 1401, 1403, 1407. Ce personnage appartient probablement à la famille Boler, qui devait donc habiter aux environs de Rodemack.

3. Dom Pelletier et *Nobiliaire du duché de Lorraine et du Bar*, Gand, 1862, p. 12.

4. Archives de Meurthe-et-Moselle B, 10, fº 44 rº.

léguait à Mathilde Blanchart, femme de Frédéric Boler, une ceinture d'argent [1]. Frédéric de Boler eut de Mathilde Blanchart : N… de Boler, qui vint probablement s'établir à Sierk, et laissa les enfants suivants :

I FRÉDÉRIC II DE BOLER, qui suit ;

II DOROTHÉE, mariée à Abraham (*alias* Frédéderic) Beyer (de Sierk) ;

III MARGUERITE, fille présumée, morte à Pont-à-Mousson, le 30 mai 1628, et enterrée aux Clarisses de cette ville [2], mariée à M. Harocourt.

Georges Harocourt, ou Haraulcourt, licencié ès lois, demeurant à Pont-à-Mousson, reçut, par lettres patentes de S. A. le duc de Lorraine, du 26 février

1. Jean Lallemand avait épousé en premières noces Marie N… et en deuxièmes noces Suzanne N…, morte en 1514. Il était mort lui-même le 8 octobre 1513 ; car sa veuve touche une pension à sa place le jour de la Saint-Remy, et on la lui paye ; parce que son mari est mort « huit jours avant ». A cette famille appartenaient Claude Lallemand, dit Rodemack, commandeur général de la maison de Saint-Antoine de Viennois à Pont-à-Mousson (1574), et Jeanne Lallemand, dite Rodemack, « femme non noble », mariée vers 1512 à Guillaume des Armoises, seigneur de Neuville-sur-Orne. Arch. de la Meuse, B 984, f⁰ 133 ; B 985, f⁰ 129 ; B 986, f⁰ 129. — *Mém. d'arch. lorraine*, 1870, p. 30 et 1881, p. 316.

2. Bibl. nationale, Paris. Cabinet des titres, vol. relié 1332.

1619, la permission de prendre la noblesse de sa mère, Marguerite Boler, en renonçant à la succession totale de son père, Jean Harocourt, suivant la coutume de Saint-Mihiel. Cette renonciation fut faite le 28 mars 1618, par-devant May et Gourcy, notaires au Pont [1].

Frédéric II de Boler, né vers 1540, devint marchand et pourvoyeur, « en l'état » de Charles de Lorraine, cardinal (1589), évêque de Metz et de Strasbourg (1592-1607), et perdit, de ce fait, sa noblesse pendant l'espace de dix à douze ans. D'après le manuscrit déjà cité, il serait venu s'établir à Sierk, et y aurait acquis la seigneurie de Ganderen. Il avait donné à l'église de Sierk, en son nom et au nom de sa femme, un soleil, plusieurs calices, deux encensoirs, un bassin, le tout d'argent, et de nombreux autres ornements d'église, qui existaient encore en 1780. Il fit élever, dans le cimetière de la paroisse de Sierk, à côté du clocher, une chapelle, appelée du nom de Boler. Une croix encastrée dans le mur de cet édifice portait ses armes. Il mourut vers 1592, laissant de son mariage avec Crispine de

1. Arch. de la Meuse, B 268, fol. 217ᵛᵒ.

Niedbruck, fille de Hans de N. et de Marie de Sulon ou Selheim, plusieurs enfants en bas âge :

> I FRÉDÉRIC III DE BOLER, seigneur de Ganderen, né vers 1570, ne laissa pas d'enfants de son mariage avec Denz d'Archiville. On voyait encore à Sierk, en 1780, dans la rue qui monte au château, leur maison, dont le fronton portait leurs armes.

> II CHARLES DE BOLER, qui suit ;

> III ADAM BOLER, qui suit Charles et sa descendance.

CHARLES DE BOLER, né vers 1577, obtint pour lui et son frère Frédéric des lettres patentes du 6 décembre 1605 portant réhabilitation de noblesse [1]. Licencié en droit, il fut reçu avocat au Parlement de Metz le 16 février 1634 [2] et mourut à Metz, paroisse Saint-Martin, le 20 août 1647. Il avait épousé Salomé de Bastogne, fille de Jacques de Bastogne, procureur juré au Palais de Metz et Aman, et d'Odile Houdebrant. Le 1er juin 1629, Salomé de Bastogne, femme

---

1. Archives de Meurthe-et-Moselle, B 75, fol. 198 r°.
2. *Bulletin de la Soc. d'arch. et d'hist. de la Moselle*, 3e année, p. 194.

de Charles de Boler, et son frère Gabriel de Bastogne, se partageaient, par acte passé à Metz, la propriété de la maison où ils faisaient leur résidence [1]. D'après le manuscrit, ces époux avaient acquis des biens à Kerling-lès-Sierk où leurs armes se voyaient sur la porte de leur ferme.

Salomé de Bastogne décéda à Metz, en la même paroisse, le 27 février 1652. Elle avait fondé dans sa paroisse la seconde chapelle du côté de l'Évangile, où elle fut enterrée auprès de son mari. On y voyait, en 1780, leur tombeau orné d'inscriptions et de leurs armoiries [2].

De leur mariage naquirent 3 filles :

1. Cette maison, située à Metz, rue des Précheresses, avec une issue sur la rue des Parmentiers, leur était venue en héritage, moitié par succession de leurs parents, Jacques de Bastogne et Odile Houdebrant, un quart par échange passé autrefois entre Gabriel et son frère Philippe, et un autre quart par échange entre Salomé et sa sœur Françoise, épouse de Jean Burthe, maître sergent des sieurs treize (Arch. dép. de Metz, série G, n° 1717 [2]).

2. « Cy gist sous la 1re tombe noble homme mre Charles de Bouler, avocat au parlement, lequel ayant vescu lespace de 40 ans dans le rang de noblesse de ses ancetres à qui furent données par le prince les armes cy-dessus rendit son âme à Dieu le 20 d'aoust 1647.

Et damoiselle Salomée de Bastongné sa femme de la famille des Grandjean à cause de feu damoiselle Odile Houdebrant sa mère, fondateur de ceste chapelle qui deceda le..... (Épitaphes trouvées dans les églises de la ville de Metz et recueillies par D. Sébastien Dieudonné. Mst. de la Bib. de la ville de Metz, p. 214, n° 67).

Salomé de Boler, héritière universelle de sa mère, née à Metz, paroisse Saint-Martin, le 3 avril 1615, y mourut le 22 octobre 1686. Son mari, Louis Richard, procureur au Parlement de Metz, était mort à Metz le 28 mars 1681. Ils laissaient plusieurs enfants.

Jeanne de Boler, née à Metz, paroisse Saint-Martin, le 5 avril 1618.

Anne de Boler, née à Metz, même paroisse, le 6 mai 1621.

Mortes toutes deux sans alliance.

Adam Boler, que nous considérons comme fils de Frédéric II, parce que ses descendants portaient les armes octroyées en 1505[1], et qu'il était le seul de ce nom sur le rôle des bourgeois de Sierck en 1628, n'était pas noble : il n'avait sans doute pas profité de la réhabilitation octroyée à ses frères. De son mariage avec Gertrude N..., il eut[2] :

1. Voir la reproduction de la pierre commémorative de Schonen-Boler, que nous donnons plus loin, d'après un dessin manuscrit fait au siècle dernier par M. François de Schonen, maire de Sierk.

2. 1684, 12 sept. Spécification des biens que possédaient à Gandern

A   GASPARD BOLER, qui se fit bénédictin. D'abord prévôt d'Echternach, puis abbé de Laach, dans l'Eifel (1618), y mourut l'année suivante, « par suite d'une attaque ». Il était resté dix mois en fonctions.

B   MARGUERITE BOLER, épouse de Charles Palissot, capitaine au régiment de La Ferté, tué à la tête de son escadron, au siège de Montmédy, en 1657.

C   JEAN BOLER, seigneur de Gandren, maire et échevin de la justice de la ville de Sierk. Il fit ériger sur la place du Vieux-Marché de cette ville, en souvenir de la peste de 1620 [1], une croix de 20 pieds de haut, ornée de ses armes,

et à Burmerange, Adam Boler et Gertrude, sa femme, Jean Boler et Suzanne Weystorff et qui sont échus en partage à François Heysen, maire de la ville de Sierk, et à Marguerite Boler, sa femme. (Minutes de Roberti, notaire à Sierk. Arch. dép. de la Lorraine.)

1. Compte de la confrérie de Saint-Sébastien. Archives de la cure de Sierk.

qui existait encore au moment de la Révolution, et où chaque année les habitants allaient processionnellement brûler des cierges. Quand la campagne environnante fut ravagée par Turenne, en 1645, Jean ouvrit généreusement sa bourse aux indigents [1].

Nous le trouvons encore cité dans une procédure en 1649. Il était mort avant 1658 ; car les registres paroissiaux de Sierk, qui commencent à cette date, ne mentionnent pas son décès.

Il avait épousé, vers 1620, Suzanne Weystorff, qui fit dresser, par Mennel, tabellion, le 28 avril 1666, un terrier des biens qu'elle possédait à Gandren. L'acte la désigne comme « veuve de Jean Boler ». Elle mourut en 1682, comme le prouve l'inventaire dressé par Roberti, notaire à Sierk, le 21 avril 1682, des biens laissés en héritage, par Jean Boler et Suzanne Weystorff, à Jean Boler, leur fils.

Ils laissaient cinq enfants [2] :

1. Généalogie manuscrite des Boler.
2. 1682, 28 novembre. Partage entre François Heysen, maire de

A MARGUERITE, mariée en 1664 à François Heysen, auquel elle apporta une partie de la seigneurie de Gandren. Elle mourut le 6 août 1700.

B N. BOLER qui, d'après le manuscrit déjà cité, aurait été général au service de la Hollande, et aurait commandé, sous Malborough, une partie de l'armée arrêtée par Villars, à l'Altenberg, en 1705. D'après la même source, on fit courir, en 1755, le bruit que les Schonen avaient recueilli en Hollande une riche succession provenant de ce général. Ce personnage n'est pas cité ailleurs.

C JACQUES BOLER, curé d'Oberleuken, puis de

Sierk, au nom de Marguerite Boler, sa femme ; Jean Boler, échevin de justice et échevin synodal, et Jean-Adam Boler, bourgeois de Sierk, des biens laissés par Jean Boler, vivant échevin synodal et de justice, et Suzanne Weystorff, sa femme, père et mère des partageants. — 1689, 3 août. Partage de deux jardins entre les mêmes, d'une part, et Anne Weystorff, veuve de feu J.-Adam Creutzer, d'autre part. Ces jardins provenaient d'Augustin Weystorff, père et grand'père des partis. (Minutes Roberti, aux archives départementales à Metz.)

Nennig, né à Sierk vers 1640, fit son testament le 20 juin 1680, par-devant Bock, notaire à Sierk; il était alors malade, au domicile de Jean-Adam Boler, son frère.

D Jean Boler, né à Sierk vers 1636, échevin de la justice et synodal de la paroisse, maître drapier, épousa, en 1670, Anne-Marie Lemmerstorf, née à Sierk vers 1650, fille de Jean-Georges Lemmerstorf et de Suzanne Hettinger. Jean testa à Sierk, par-devant Oswald Risch, notaire, le 21 novembre 1693, et y mourut le 23 du même mois. L'inventaire de ses biens, dressé le jour de sa mort, par le prévôt de Sierk, existe aux archives départementales à Metz. Sa femme était morte à Sierk le 12 février 1693.

Leurs enfants sont rapportés au tableau généalogique A.

E JEAN-ADAM BOLER, né à Sierk vers 1652, épousa, en 1675, Catherine Rigot, née à Sierk vers 1655, morte dans cette ville le 1er juin 1698. Il décéda le 21 juillet 1717. Leur descendance est rapportée au tableau généalogique C.

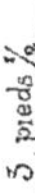

5 pieds ½

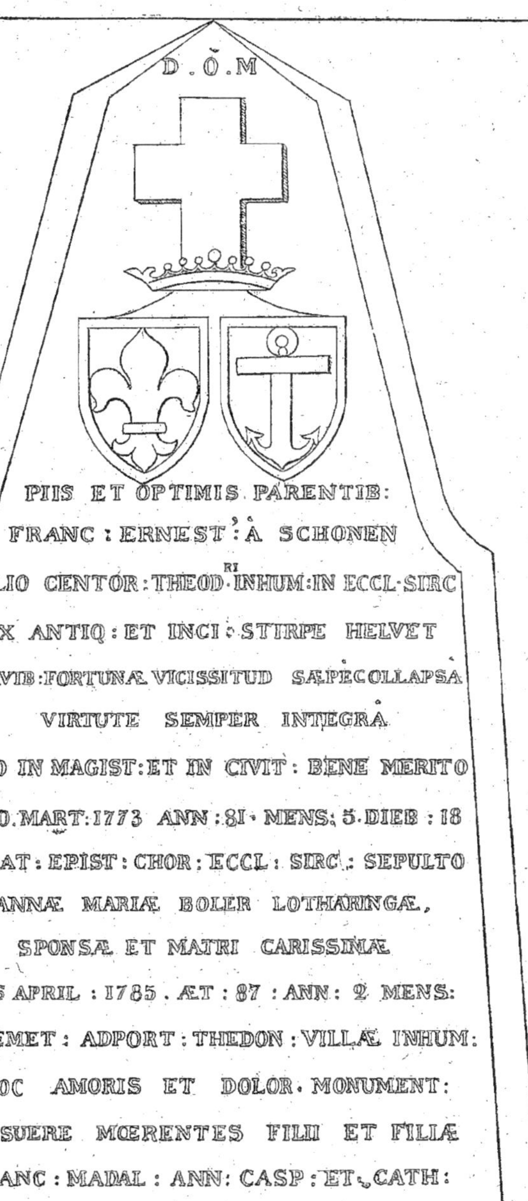

D . O . M
PIIS ET OPTIMIS PARENTIB:
FRANC : ERNEST' À SCHONEN
FILIO CENTOR: THEOD RI INHUM: IN ECCL·SIRC
EX ANTIQ: ET INCI·STIRPE HELVET
GRAVIB:FORTUNÆ VICISSITUD SÆPE COLLAPSA
VIRTUTE SEMPER INTEGRÀ
VIRO IN MAGIST:ET IN CIVIT: BENE MERITO
+ 20.MART:1773 ANN:81 MENS:5 DIEB:18
A.LAT: EPIST: CHOR: ECCL: SIRC: SEPULTO
ANNÆ MARIÆ BOLER LOTHARINGÆ,
SPONSÆ ET MATRI CARISSIMÆ
+ 5 APRIL: 1785. ÆT:87: ANN: 2 MENS:
INCŒMET: ADPORT: THEDON: VILLÆ INHUM:
HOC AMORIS ET DOLOR. MONUMENT:
POSUERE MŒRENTES FILII ET FILIÆ
FRANC: MADAL: ANN: CASP: ET CATH:

FAMILLES ALLIÉES

BASTOGNE (en allemand Bastenach).

Luxembourg et pays messin. La branche messine paraît s'être éteinte au XVIIe siècle ;

Armes : De gueules, à deux lions léopardés d'arg., l'un sur l'autre ; au franc-quartier d'arg. chargé d'un coq de sable.

BLANCHART.

D'après une généalogie manuscrite du siècle dernier, Mathilde Blanchart, épouse de Frédéric Boler, dit Rodemack, serait la fille d'Alain Blanchart et d'Anne de Chinery. — Arch. départ. à Metz, B 271. — Arch. de M. le baron de Schonen à Paris. — Bibl. de Luxembourg (manuscrit Blanchart).

Armes : De sable à l'aigle d'or.

BEYER.

Famille bourgeoise de Sierk, éteinte vers 1800. Jean-Frédéric de Beyer obtint, le 6 juillet 1725, de l'empereur Charles VI, le titre de baron, « en considération de ses services et de ceux de feu son père, Jean Beyer ». Jean-Frédéric avait été conseiller et receveur des aides et subsides de Luxembourg, puis conseiller et maître de la Chambre des Comptes de Bruxelles. Son père quitta Sierk, après l'occupation française, devint receveur général des trois États du duché de Luxembourg, puis conseiller et receveur des aides et subsides, et mourut à Luxembourg le 30 octobre 1720.

Alliances : Baur, Bingen, Rossignon, Kesseler, Fraula, Corswarem-Looz, Henriquez, Maring, Libot, Brias, Haen de Schwerdorf, Félines, Sahuguet-d'Amarzit, Du Faure.

Armes : Écartelé aux 1er et 4e, d'argent, au lion de sable couronné d'or, armé et lampassé de gueules, la queue fourchue, nouée et passée en sautoir (armes de la famille baronnale de Beyer de Boppart, éteinte en 1598 dans les mâles); aux 2e et 3e, contre-écartelé en sautoir, aux 1er et 4e d'or, au chapeau de sable, aux 2e et 3e de gueules à un lac d'amour d'or. — Couronne de baron. Cimier : une tête et col de lion de sable entre un vol d'argent.

COLLIN (al. Collinge).

Nicolas C., colonel français, laissa une nombreuse postérité à Sierk. Un de ses fils et petit-fils embrassèrent la carrière militaire.

Alliances : Baur, Blandin, Boler, Cardon, Gillet, Jacob, Le Roussel de Valincour, Loevenbruch, etc.

Armes : D'azur, au chevron d'or, accomp. en chef de deux étoiles à cinq raies, et en pointe d'une grappe de raisins.

HAAS.

Famille bourgeoise de tanneurs établie à Sierk.

Alliances : Boler, Florange, Heysen, Lahaire, Le Clair, etc.

HEYSEN.

Famille originaire de Saxe. Quatre frères Heysen furent reconnus, le 30 juin 1597, par l'empereur Rodolphe II « comme vraiment tourniers et chevaliers du Saint-Empire ». Un membre de cette famille, fils d'un lieutenant-colonel tué au service de l'Empire, près de Bouzonville, en 1635, se fixa à Sierk où il fit souche. Ses descendants contractèrent al-

liances avec les Weyer, Muller, Klein, dits Petit-
des-Dards, Forget de Barst, Chardon, Reinhard,
Geyer d'Orth, Haas, Goeres, etc.

Armes : D'or, à la fasce de sable, chargée d'une
rose d'or boutonnée. L'écu parti, pallé en sénestre de
quatre pals, les 1er et 3e d'argent, les 2e et 4e de
gueules, avec une échappe d'azur brochant sur le
tout, aux armes anciennes de Heysen, savoir : à une
montagne d'or de trois coupeaux, celui du milieu
plus élevé que les deux autres, ardents et enflammés
de gueules. (Lachesnaye-Desbois, *Dictionnaire de noblesse*, Paris, 1774, t. VIII.)

Knoepfler.

Famille bourgeoise de Saint-Avold.

Armes : De..... à une tête de bœuf de.....

Lemmersdorf.

Famille bourgeoise, probablement originaire de Lemmersdorf, village situé près de Kœnigsmacher. Maîtres drapiers de père en fils ; ils disparaissent de Sierck vers la fin du XVIIe siècle.

Deux membres de cette famille y étaient notaires

Mazaret.

La plupart des membres de cette famille, qui existe encore à Sierck, y remplirent pendant près de deux siècles les fonctions de chirurgien.

Niedbruck (Pontigny, près Boulay).

Jean-Bruno de N., probablement bâtard d'un comte de Nassau-Sarbruck, était docteur médecin stipendié de la ville de Metz, dès 1520, et diplomate, qui, par la suite, fut anobli par Charles-Quint, par lettres octroyées à Tolède le 10 mars 1534. Ses neveux, Gaspard et Nicolas, fils de Hans-Honoré de

N., dit le maréchal de Niedbruck, et de Marie de Selheim, reçurent confirmation de leur noblesse par lettres patentes du 16 juillet 1555, données par Charles III, duc de Lorraine.

Un membre de cette famille, Philippe de Niedbruck, mourut prévôt de la collégiale de Marienflos, près Sierk. Il y fut enterré le 13 août 1607.

Alliances : Ruptingen, Selheim, Schleiden, Beaurien, Lahr, Richemont, Ditheau, Schirlet, Croonders, etc.

Armes : D'argent, à deux fasces de gueules, surmontées d'une quintefeuille (Fronton de la maison de M. Weber, maire et banquier à Boulay. — Armorial manuscrit d'Hozier) ou d'argent à deux fasces de gueules, surmontées de cinq annelets de gueules mis en rond autour d'un autre annelet aussi de gueules (Dom Pelletier).

SCHONEN.

Famille noble originaire de Suisse, habita ensuite le Luxembourg, puis vint s'établir à Sierk vers 1685.

Cette famille, qui existe encore, a produit de nombreux personnages distingués dans l'armée et la magistrature, entre autres, le baron de Schonen,

premier président de la Chambre des Comptes, pair
de France et grand officier de la Légion d'honneur,
mort en 1849.

Armes : D'argent à la fleur de lis antique, au pied
patté de sable. Casque et lambrequins de chevalier.
(Ex-libris de François de Schonen, maire de Sierk,
décédé en 1794.)

SERARD.

Famille de Lunéville, représentée aujourd'hui par
M. Georges Lesne de Molaing, petit-fils de M. Lesne
de M. et de Jeanne-Anne-Marie Serard (fille de Jean-
Casp. S. et de Cath. Boler).

Taffin d'Arras.

Guillaume-Nicolas T., en garnison à Sierk, s'y fixa par son mariage avec Mlle Garot, dite Desjardins (1695). Par la suite il devint conseiller du roi, et, en 1712, maire de la ville. Son fils, François, mourut jeune, étant avocat à la Cour de Metz, exerçant au siège de Sierk, en 1750. Ses sœurs contractèrent alliances avec les Boler, Gentot, Larivière, Majoly.

Armes : De..... à un col de cerf tourné à g.

Weystorff.

Famille anoblie le 4 juin 1666 par lettres patentes de Charles IV, duc de Lorraine, dans la personne d'un neveu de Jean Boler, Laurent Weystorff, capitaine et prévôt de Freisdorf, fils de Mathieu W. et de Jeanne Maillard, de Sierk. Sa postérité se fixa à Sarrebourg, près Trèves. Un de ses descendants passa en France. La branche tréviroise s'éteignit en 1755.

Alliances : Breit, Burglon, Chalmont, Bonn, Hewer, Vallette, etc.

Armes : D'or, à deux lions de sable couronnés de gueules, affrontés contre un chêne de sinople. —

Cimier : Un F d'or issant d'un armet morné orné de son bourrelet. — Lambrequins aux métaux et couleurs de l'écu (Dom Pelletier. — *Archives de famille*, en notre possession, provenant par héritage du côté maternel par les Rheinart-Hewer, de Sarrebourg).

MACON, PROTAT FRÈRES, IMPRIMEURS

UZANNE, née le 9 mars
1673 à Sierck, y décédée
le 29 III 1750, mariée, 1°,
en 1693, à André Brosser,
né à Sierck en 1665 † 1705;
2°, le 19 I 1709, à François
Berweiler, maître drapier,
fils de Jean B. et d'Anne
Warsberg, né en 1672,
mort à Sierck le 7 I 1758.

THERINE, née le 1
36 à Sierck y décé-
8 I 1720, mariée
XII 1704 à Jean
, fils de Jean M.
Marguerite Larigot,
Sierck le 23 XII

MATHIAS, né à Sierck le
25 II 1691, vivant en
1693.

ACQUES, né le 27 XI 1696
à Sierck, y décédé le 10
XII 1696.

bapt. à Sierck le
13, mort célibataire
ette le 23 IX 1782.
ateur de l'abbaye
t-Avold à Porce-
52-82.

ANNE-CATHERINE, bapt. le
17 IX 1715 à Sierck, y
décédée le 28 suivant.

RGES, né à Saint-Avold
3 IX 1743.

MA le 26 VI
y décédée
mariée, le
an-Martin
t, fils de
gMadeleine
dengen en
Serck le 14
L
A

JEAN, né à Sierck le 1er VII
1764.

MARTIN, né et mort en
à Sierck.

MAR
le

MARI
ris
De

Lou
I

A

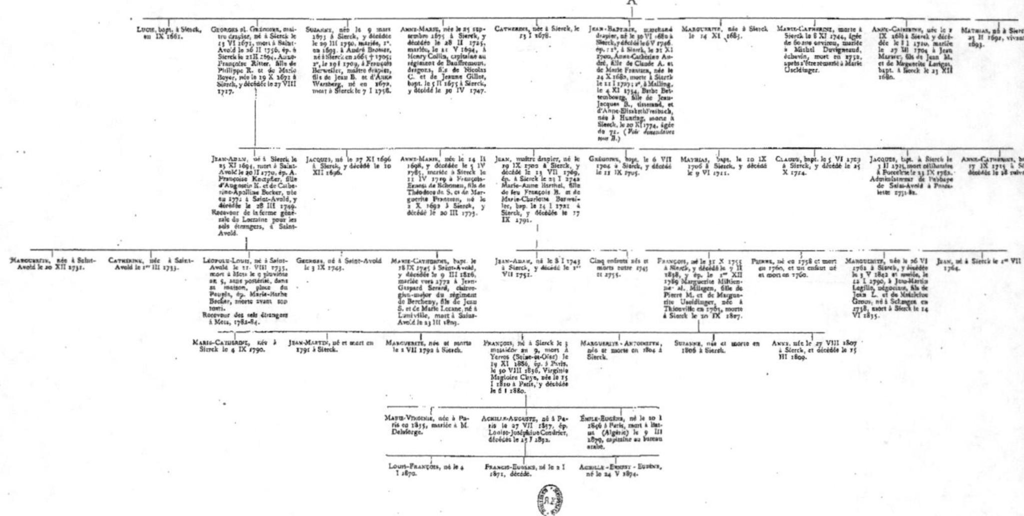

NNE al. ANNE-MADELEINE, | II 1740, | MARGUERITE, née le 21 III | MARIE, née le 31 VIII 1744
apt. le 5 XII 1713, à | III 1761. | 1742 à Sierck, y mariée, | à Sierck, décédée à Thion-
ierck, y décédée le 23 IX | | le 5 XI 1765, à Jacques | ville le 30 I 1813, ma-
741, mariée le 7 I 1734, | | Heintz, fils de Lucas H. | riée à Alexis Néron, hôte-
Antoine Antoine, fils de | | et de Marguerite Pollot, | lier à Thionville, y décédé
Nicolas A. et de feu Louise | | et veuf de Marie de | le 22 VI 1811.
e Condé, de Metz. | | Schonen, bapt. à Sierck |
	le 26 XI 1736. Ils mou-
	rurent tous deux avant
	1812.

XI
édé   FRANÇOIS, né le 3
       à Sierck, y décé
        mai 1742.

B

JEAN-CLAUDE, bapt. à Sierck le 12 XI 1700, y décédé le 6 III 1700.

JEAN-JACQUES, maître drapier, bapt. à Sierck le 17 V 1702, mort vers 1743, ép. vers 1730 Thérèse Rineck, fille de Nicolas R., veuve et meunier à Bouzonville, et de Barbe Lacôte, née vers 1710 à [illegible], décédée à Sierck le 25 V 1784, après avoir convolé en 2e noces à Sierck le 21 V 1764, avec M. Lenoble, capitaine réformé à la suite de Sierck.

GÉRARD, maître drapier et [illegible] des marguilliers à Sierck, bapt. le 31 II 1706 à Sierck, y décédé le 1 I 1736, y ép. le 23 IX 1732 Anne-Marie Talon, fille de Guill. T., maire de Sierck, et de Cath. Girot, bapt. le 9 janvier 1723, y décédée le 10 mai 1742.

MARIE-FRANÇOISE, bapt. le 17 X 1710, à Sierck, y décédée le 1 V 1718.

JEANNE d'. ANNE-MADELEINE, bapt. le 5 XII 1713, à Sierck, y décédée le 23 IX 1741, mariée le 7 [illegible] 1734, à Antoine Antoine, fils de Nicolas A. et de feu Louise de Condé, de Metz.

MARGUERITE, bapt. le 23 II 1716 à Sierck...

ANNE-MARIE, bapt. le 4 X 1718 à Sierck.

FRANÇOIS, né le 12 XI 1720, à Sierck, y décédé le 17 II 1727, et **MAGDELEINE**, morte le 2 VII 1721.

SUZANNE, née le 15 IX 1723, à Sierck, y décédée le 14 VIII 1726.

ANNE-FRANÇOISE et MARIE-CATHERINE, nées en 1733 et 1736, à Sierck, y décédées en 1737.

FRANÇOIS, maître drapier, né le 4 VI 1728 à Sierck, y décédé le 11 IX 1781, y ép. le 30 IV 1762 Melchior Fillet, veuve de Jean-Henri Maillard, greffier de l'hôtel de ville de Sierck, née en 1729 à Sézan (Marne), fille de Louis-René F. et de Marie Auget. Elle convola en 1er noces en 1782 avec Louis Collas, de Thionville, et mourut vers 1791.

ANTOINE, né le 11 II 1731, à Sierck, y † 11 III 1761.

MARGUERITE, née le 21 III 1737 à Sierck, y mariée, le 5 XI 1765, à Jacques Henry, fils de Louis H. et de Marguerite Pothot, et veuf de Marie de Schuster, bapt. à Sierck le 16 XI 1756. Ils moururent tous deux avant 1812.

MARIE, née le 31 VIII [illegible] à Sierck, décédée à Thionville le 30 [illegible] 1813, mariée à Alexis Nicord, [illegible] à Thionville, y décédée le 22 VI 1811.

MARIE-BARBE, née le 28 VII 1736 à Sierck, y décédée le 28 XI 1736.

JEAN-JACQUES, né à Sierck le 10 XII 1737.

ANTOINE, né à Sierck le 29 VII 1740.

PIERRE, né à Sierck le 30 VII 1742.

MARIE-CATHERINE, née à Sierck le 15 VIII 1733, mariée 1er à Théodore Tripe ou Pultot, maître drapier, bapt. à Sierck le 7 VII 1739, mort à Sierck le 23 XI 1765, âgé de 56 ans; 2e le 22 X 1768, à Louis Willard, brig. invalide, Compagnie de l'Hôtellerie, né à [illegible], né en 1711.

GUILLAUME, né le 10 XI 1737 à Sierck, y décédé le 22 XI 1733.

FRANÇOIS, né le 30 I 1741 à Sierck, y décédé le 11 mai 1744.

FRANÇOIS, né le 2 I 1743 à Sierck, y décédé le 15 I 1745.

C

SUZANNE, bapt. le 17 I 1677 à Sierck, mariée : 1° le 10 V 1699 à Jean Hass, veuf de Cath. al. Susanne Hettré († 1699), et marchand tanneur à Sierck, y décédé le 20 IV 1708 ; 2° le 8 IV 1709 à Jacques Gilbert, négociant, fils de Jean Georges G., de Valmunster.

MARIE-MARGUERITE, bapt. à Sierck le 17 V 1679, mariée le 12 I 1708 à Jean Mellinger, fils de J.-Jacques M. et de Véronique Roublé, bapt. le 1 XI 1678. Il convola en 2es noces à Kemplich le 25 X 1728 avec Marie-Jeanne Lhuillier.

JACQUES, bapt. le 8 VI 1681 à Sierck, y décédé le 10 III 1751, y ép. le 22 VIII 1707 Susanne al. Jeanne Barthel, fille de Jean B. et de Jeanne Puttelange, bapt. le 7 XII 1684 à Sierck, morte entre 1738 et 1751.

JEAN-ADAM, bapt. à Sierck le 27 III 1683.

FRANÇOIS-ERNEST, bapt. le 21 X 1685 à Sierck, y décédé le 4 IV 1709.

MATHIAS, bapt. à Sierck le 13 V 1687.

JEAN, né le 28 II 1689 à Sierck.

REMACLE, né le 28 II 1689 à Sierck, y décédé le 1er X 1752, prêtre curé habitué à Sierck.

ANNE-CATHERINE, née vers 1691, décédée à Sierck le 17 II 1761, mariée, le 17 II 1713, à François Joly, sergent au régiment du baron de Lasarre.

Enfant mort le 23 XI 1714.

Sept enfants nés et morts à Sierck entre 1709 et 1724.

ELISABETH, bapt. le 7 XI 1712 à Sierck, y décédée le 27 VIII 1743, y mariée le 30 I 1731 à Guillaume Laroche, maître serrurier, né à Sarrelouis vers 1701, mort à Sierck, le 25 IX 1781, veuf en 2es noces de Madeleine Brosser.

REMACLE, bapt. à Sierck le 2 XI 1716.

JEAN, né en 1725 à Sierck, y décédé en 1735.

MADELEINE, bapt. à Sierck le 25 II 1727, y ép. le 7 II 1747 Guillaume Wagner, né à Brottdorf, près Sarrelouis, vers 1719.